我的世界
病毒扩散 ②

英国卡尔顿出版集团 著
王翼瑞 译

童趣出版有限公司编译　人民邮电出版社出版
北京

图书在版编目（CIP）数据

我的世界. 病毒扩散. 2 / 英国卡尔顿出版集团著；童趣出版有限公司编译. -- 北京：人民邮电出版社，2021.1
ISBN 978-7-115-54929-7

Ⅰ.①我… Ⅱ.①英… ②童… Ⅲ.①智力游戏—少儿读物 Ⅳ.①G898.2

中国版本图书馆CIP数据核字(2020)第180798号

著作权合同登记号　图字：01-2019-7726

Design © Welbeck Publishing Limited 2020, previously named Carlton Books Limited
Published in 2020 by Mortimer Children's Books Limited
An imprint of the Welbeck Publishing Group
20 Mortimer Street, London W1T 3JW
This book is not endorsed by Mojang Synergies AB. Minecraft and Minecraft character names are trademarks of Mojang Synergies AB. All images of Minecraft characters © Mojang Synergies AB.
All rights reserved. This book is sold subject to the condition that it may not be reproduced, stored in a retrieval system, or transmitted in any form or by any means, electronic,mechanical, photocopying, recording or otherwise,without the publisher's prior consent.

Creator: David Zoellner
Script: Eddie Robson
Special Consultant: Beau Chance
Design: Darren Jordan/Rockjaw Creative
Design Manager: Matt Drew
Editorial Manager: Joff Brown
Production: Nicola Davey

本书中文简体字版由英国卡尔顿出版集团（现更名为英国威尔贝克有限公司）授权童趣出版有限公司，人民邮电出版社出版。
未经出版者书面许可，对本书的任何部分不得以任何方式或任何手段复制和传播。

- 文字翻译：王翼瑞
- 责任编辑：孙　洋
- 执行编辑：李文婧
- 责任印制：李晓敏
- 封面设计：林昕瑶
- 排版制作：张鹤飞

- 编　译：童趣出版有限公司
- 出　版：人民邮电出版社
- 地　址：北京市丰台区成寿寺路11号邮电出版大厦（100164）
- 网　址：www.childrenfun.com.cn

- 读者热线：010-81054177
- 经销电话：010-81054120

- 印　刷：北京东方宝隆印刷有限公司
- 开　本：787×1092　1/16
- 印　张：6
- 字　数：50千字
- 版　次：2021年1月第1版　2021年1月第1次印刷
- 书　号：ISBN 978-7-115-54929-7
- 定　价：38.00元

版权所有，侵权必究。如发现质量问题，请直接联系读者服务部：010-81054177。

前情提要

史蒂夫是一个有了自己思想的《我的世界》游戏人物，

而**艾比**是他最好的朋友！

病毒侵袭了他们的电脑，正在向网络散播。

而此刻，为了夺回**命令方块**，史蒂夫与英勇的**艾利克斯**必须与怪物抗争。谁将占得先机呢？

作者简介

戴维·佐尔纳，以网名"仲裁者617（ARBITER617）"为人所知，是黑色等离子（BLACKPLASMA）工作室的主力之一。他们制作的轰动全网的网络动画播放量已超过3200万次。

第二部

关于《我的世界》的奇幻冒险漫画！

病毒扩散

第1章

艾利克斯和实体_303都摸到了命令方块。但他们撞在了一起,同时向后飞去。

看起来实体_303极其害怕**鱼类**。

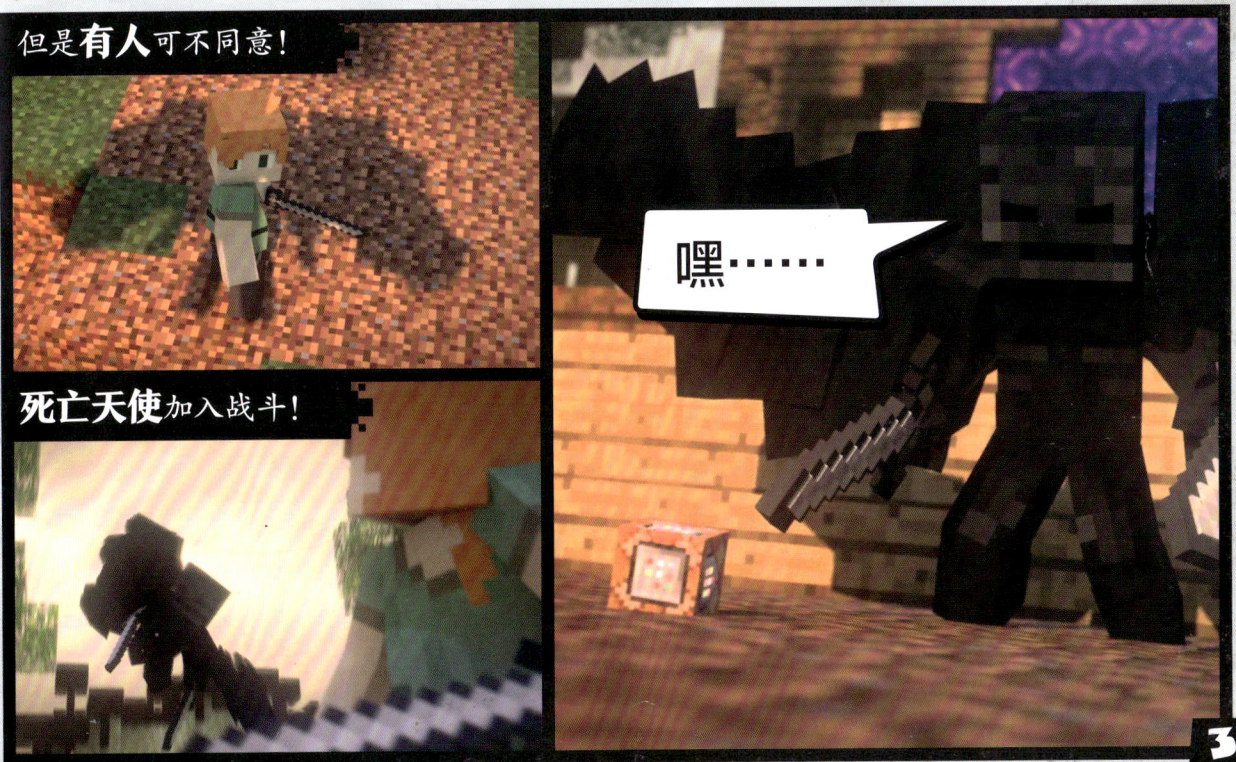

嗯?
那是什么?

命令方块静静地待在那里。

艾利克斯只需要把它捡起来就可以了。

但是**有人**可不同意!

嘿……

死亡天使加入战斗!

死亡天使降落在命令方块边上。

扑通

啊！

但是再生侠779突然跑了过来。

咦嘿！

??

他抓起命令方块就跑！

哈！

海洛布莱恩触及了程序的深处。

在Hypixel大楼中,西蒙看到了警报。

哦……

所有的服务器中,

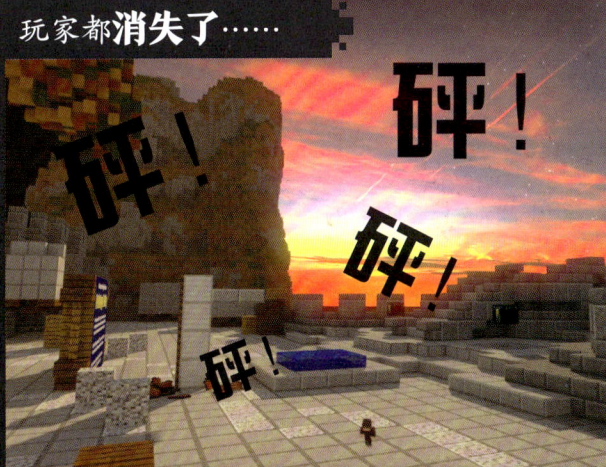

玩家都**消失了**……

砰!砰!砰!

砰!砰!砰!

黑暗降临……

砰！

砰！砰！

只余死寂。

多人游戏

HYPIXEL
无法连接到服务器

BPG 服务器
无法连接到服务器

麦皮雷斯
无法连接到服务器

方块世界
无法连接到服务器

蜂巢
无法连接到服务器

超级世界
无法连接到服务器

麦卡德
无法连接到服务器

阿威修斯
无法连接到服务器

高梦德
无法连接到服务器

每个人都掉线了……

海洛布莱恩终将**掌控**世界。

第2章

四周空无一人。

没有声音，

没有动静。

家中的**艾比**痛苦地反思着自己的失败，他没能拯救那个世界。

他持续关注着屏幕上的数据,渴求着它出现转机。

德普随意瞥了一眼。

他开始盯着屏幕。

什么?你看见了什么?

倒吸一口气——

这里还有一点点**生命**的迹象。

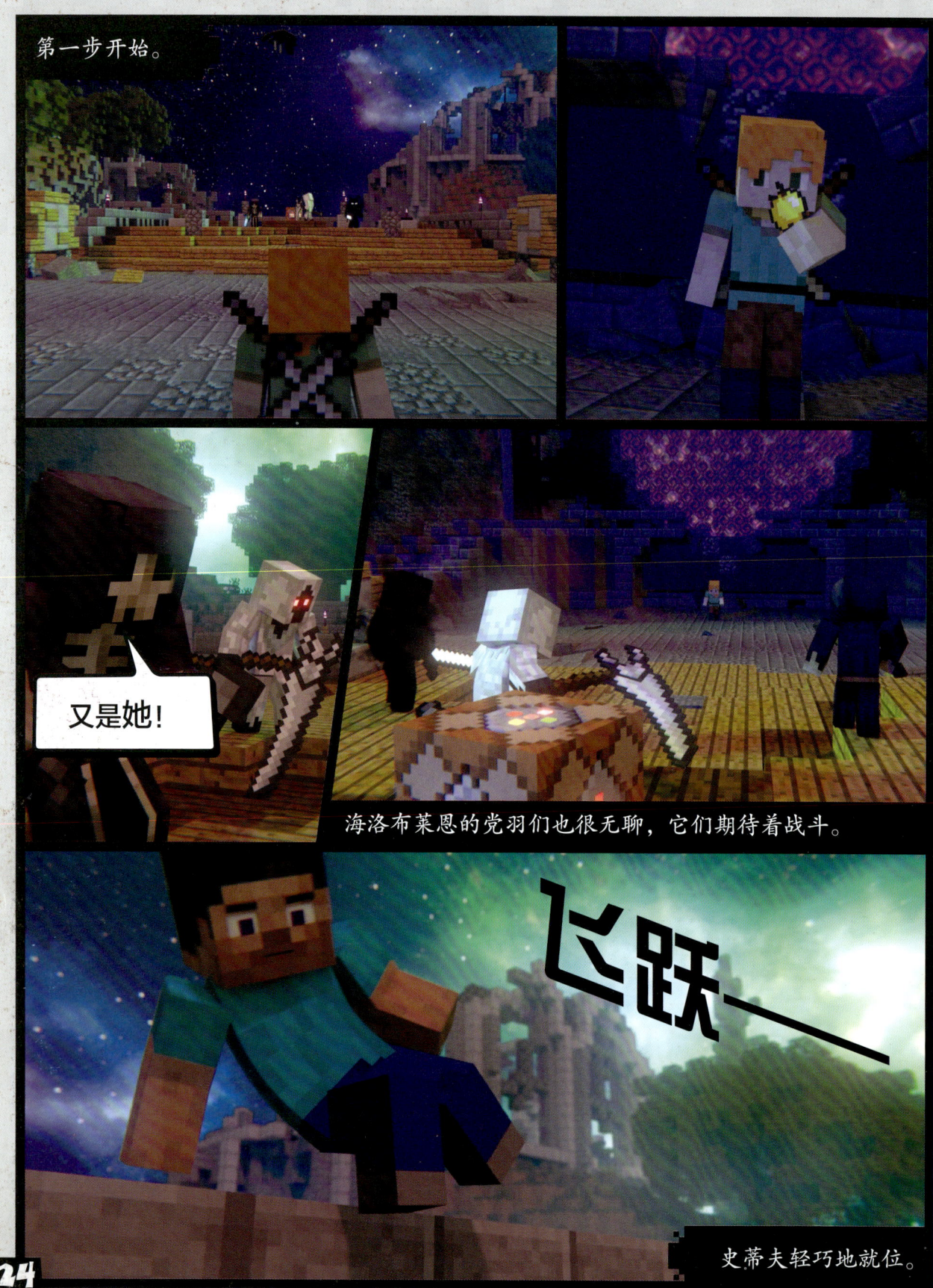

真的**是**这样吗?

突然,一条鱼从远处飞了过来。

啪!!

不!

那条鱼是德普丢**过来**的!

干得好。

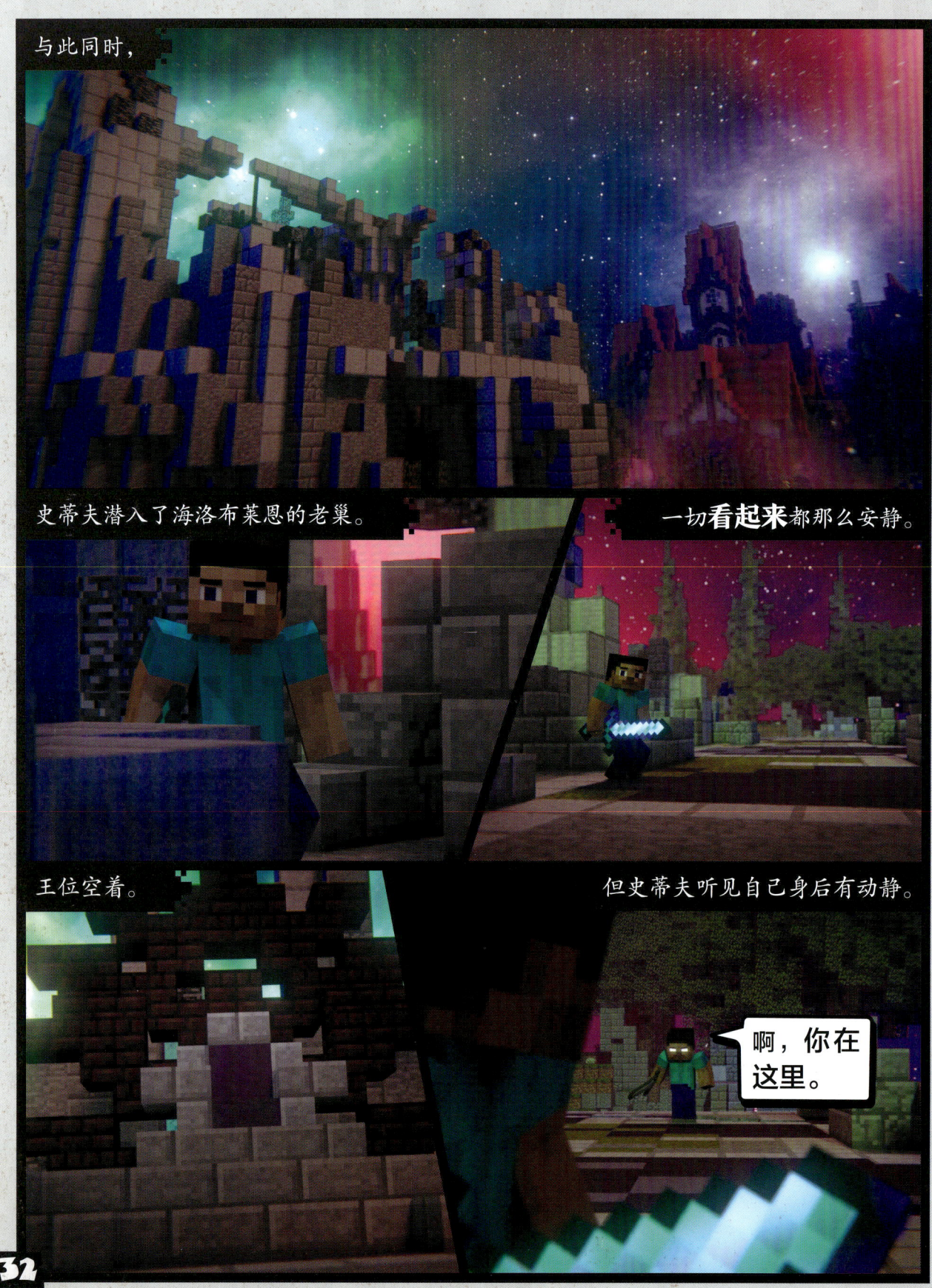

无论如何，一切将会在这里结束。

轰隆——

海洛布莱恩的剑充满了能量，他开始攻向史蒂夫。

海洛布莱恩双脚踢向史蒂夫。

哐！

踢！

史蒂夫向后滑去，但他把剑插入地面以求减速。

嗖——

能量从海洛布莱恩的剑尖射出。

轰隆

但史蒂夫早有预见,**一跃**躲过。

哼。

海洛布莱恩的下一次攻击已经袭来,

他**扑向**史蒂夫。

但是史蒂夫挥起他的剑,

一下子摆脱了海洛布莱恩!

哈!

与此同时，艾利克斯正在对付其他的敌人。

锵！锵！

哐！哐！

狼死死咬住了恐惧之王的腿！

咬！

嗷呜！

啊啊啊！

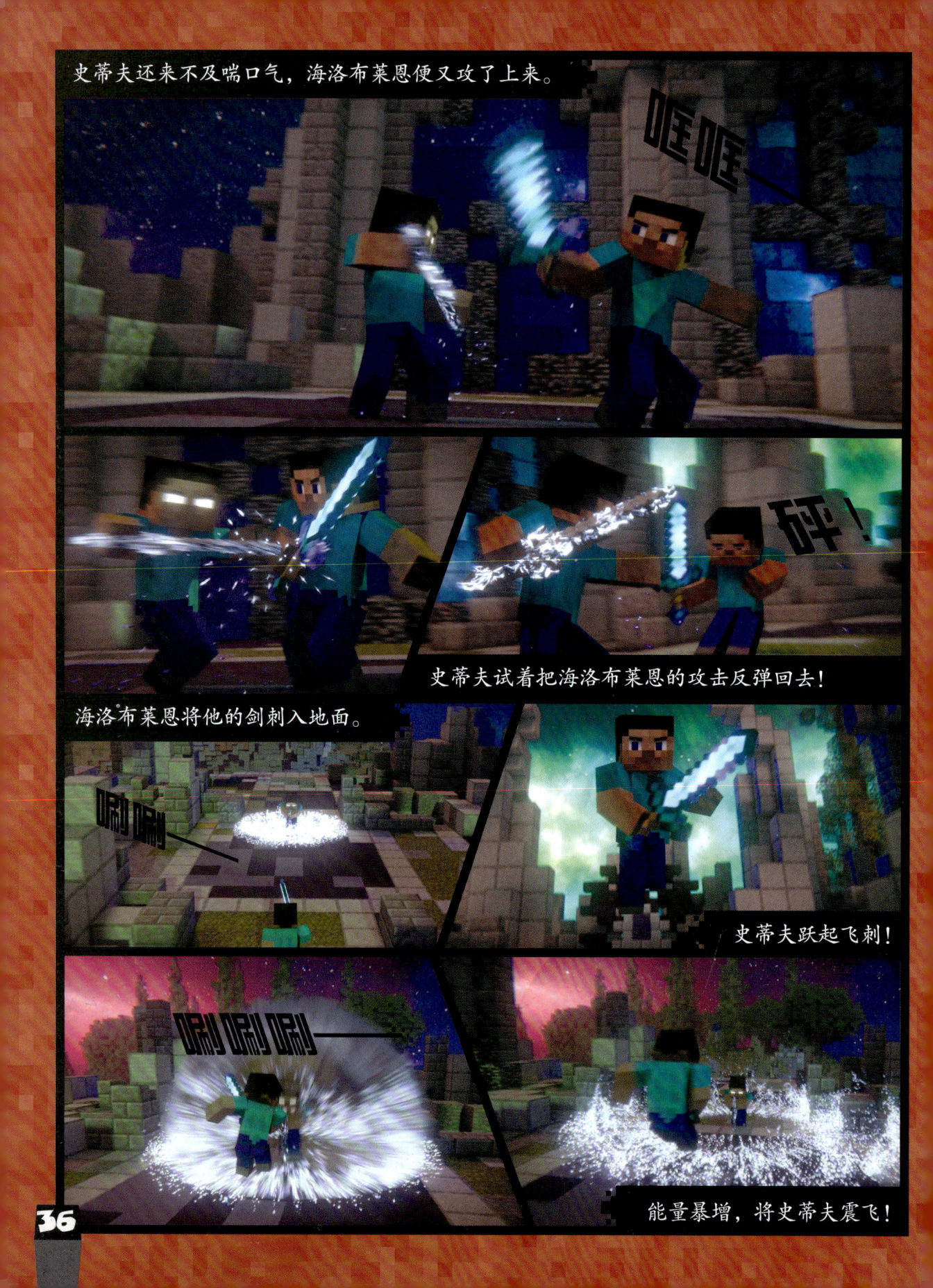

史蒂夫还来不及喘口气,海洛布莱恩便又攻了上来。

哐哐

砰!

史蒂夫试着把海洛布莱恩的攻击反弹回去!

海洛布莱恩将他的剑刺入地面。

咻咻

史蒂夫跃起飞刺!

呲呲呲——

能量暴增,将史蒂夫震飞!

艾利克斯还在对付其余的敌人。

呀——

实体_303还在害怕地飞奔……

是那条鱼还在追着它吗?

不!!

但海洛布莱恩还是略胜一筹。

DZZ DZZ——

DZZ DZZ

反射的电弧击中了海洛布莱恩头顶的石砖。

但海洛布莱恩移开了。

史蒂夫继续攻击。

锵！

周围的石块被激烈的战斗波及，纷纷掉落。

你太弱小了。

啊——

海洛布莱恩再次从剑上释放出更多的能量。

啊——

史蒂夫绝望地跌落。

他意识到自己赢不了了。

他的对手太强大。

史蒂夫痛苦又缓慢地挪到水边。

他又看到了以前见过的景象。

那是他的敌人的**倒影**。

海洛布莱恩也跳了下来。

史蒂夫没有选择。

但他也想明白了这一切是怎么回事。

而艾比因为见证了这一切,也明白了。

事实确实如此。同一个人性格的两面。

我们是一体的。

一面是好的,一面是坏的。

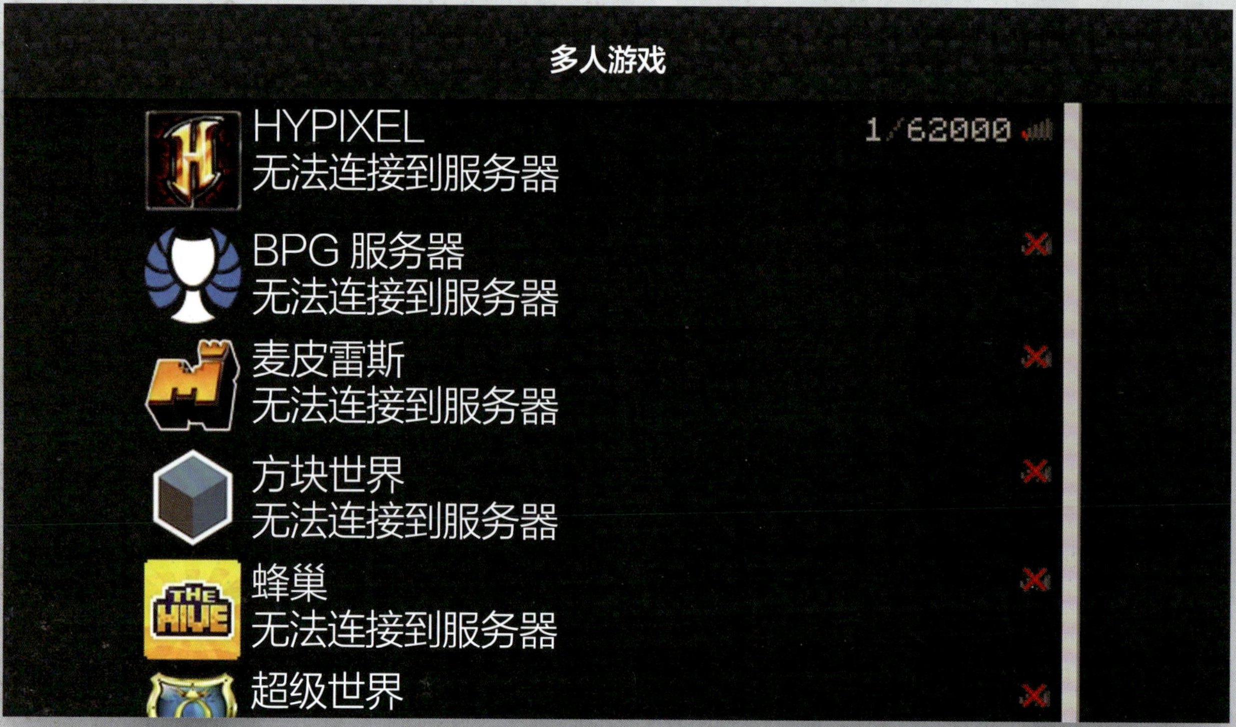

多人游戏

HYPIXEL
无法连接到服务器   1/62000

BPG 服务器
无法连接到服务器

麦皮雷斯
无法连接到服务器

方块世界
无法连接到服务器

蜂巢
无法连接到服务器

超级世界

服务器里只剩下一个人了。这是因为史蒂夫与海洛布莱恩本来就是**同一个人**!

哇……

史蒂夫回想着他的人生迄今为止的很多片段,

比如他一醒来就产生的某种感觉;

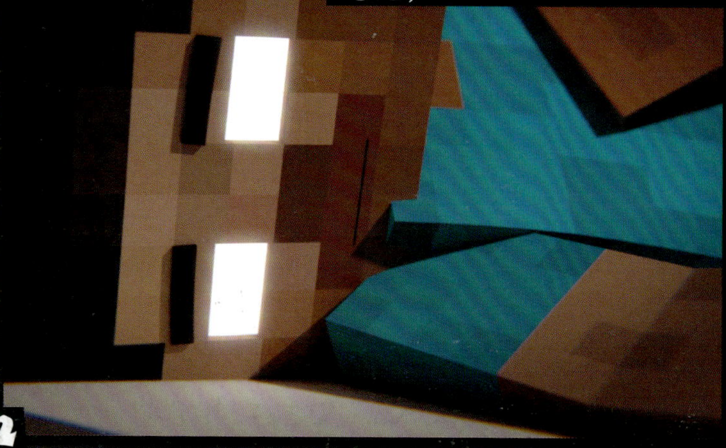

又比如他从湖面看到的自己的倒影,尽管只出现了短短数秒;

又或者是他在方块上看到的那个人。

还有当网络**切断**,

他想重新连接的时候,服务器做出的反应。

是他——史蒂夫就是病毒!

Windows安全警告

已检测到您的电脑感染了病毒!

允许应用通过防火墙有何风险? 同意请求 取消

这一切都说明,想要扭转局面只有**一件事**可以做……

海洛布莱恩的攻击**又来了**。

想结束这一切，这是最后的机会了。

史蒂夫举起他的剑，

把它扔到了地上！

哐——

海洛布莱恩没有去想**为什么**史蒂夫放弃了防御，

只是进攻。

这一击，波及了整个世界，

突然带来了生机！

多人游戏

HYPIXEL
服务器上线

BPG服务器
服务器上线

麦皮雷斯
服务器上线

方块世界
服务器上线

蜂巢
服务器上线

超级世界

海洛布莱恩无法再支配Hypixel了。

呀——

好极了。

发生了什么？

艾利克斯不知道发生了什么，但战局转变了。

恶人迅速**退散了**！

Hypixel又恢复了生机。

砰！砰！砰！砰！砰！

艾利克斯也是。

她绝望地寻找着史蒂夫。

但她只找到了他的**剑**。

而艾比和德普只能伤心地看着这一切。

47

这片大地又恢复了平静。

但艾利克斯仍旧烦恼着。

而她不是独自一人。

我们把他找回来吧。

这里的其他人也是这样想的。

一切尚未结束……

第3章

等一下，这是什么？
为什么德普在下界里？

吱呀—

!!!

轰隆隆—

!!!

轰隆隆—

这只是场**梦**……

呼——

但德普想知道这意味着什么。
他走向了电脑。

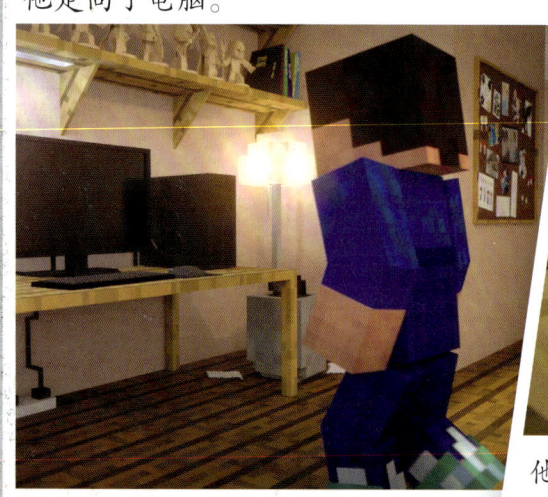

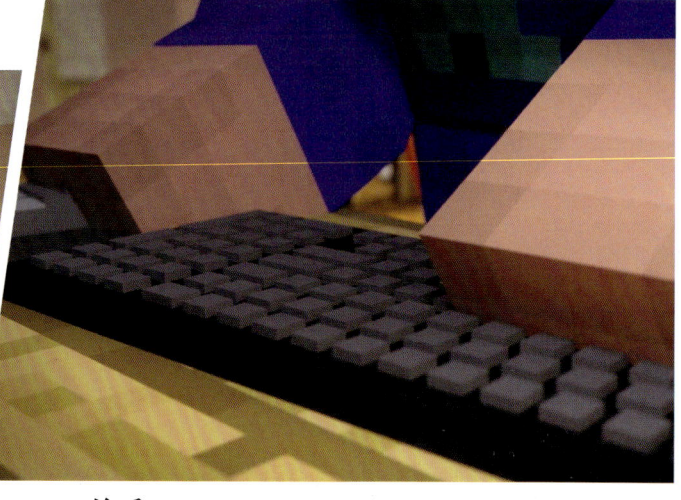

他需要**联系**某人。

她在这儿。

铿！

她迅速转身，躲开了她的敌人，

利用雪地**一跃**而起。

翻越过他的头，

然后落地！

你是想逃走吗？

哦，我只是在等我的小帮手罢了。

虚无者回头一看，却来不及抵挡…… 来自**后方**的攻击！

帮手？

嗷呜！

啊！！

好孩子，咬紧了！

艾利克斯跃向半空。

虚无者已经被牢牢控制住！ 但是最后一刻敌人消失了。

刺——

他逃走了吗？

在艾利克斯背后，空间出现了**扭曲**和**撕裂**。

嗷呜！嗷呜！

她的敌人**又攻了**过来！

啊？

艾利克斯没能躲开这波突袭，被虚无者踢中了腹部。

她飞向空中，但是及时回转身体，双脚落地！

艾利克斯的剑落在远处的雪地上,她够不着。

但她摸到了剩下的一把武器。

锵!

这把剑将虚无者打飞了!

向后飞去

艾利克斯有了机会,她得快点儿。

虚无者的剑在空中旋转。

随着剑落下,艾利克斯一跃而起。

她先抓住了剑柄,

然后她狠狠地抛出了剑。

剑尖直指虚无者!

噜！

虚无者变成了**冰**。

留给艾利克斯一个僵硬的靶子！

咔啦！

咔啦！

咔啦咔啦！

艾利克斯的剑被拿了回来。

虚无者终于消失了。她可以朝下一个目标前进了。

？

砰！

但是，突然出现了一个**坐标系**。

然后，它拉走了艾利克斯！

哇！

嗷呜！嗷呜！嗷呜！

艾利克斯发现她被拖到了**这里**，

砰！

她的小伙伴也被带了过来！

嗷呜……

一个熟悉的人物出现了。

砰

史蒂夫？

对的，这样子确实**像**史蒂夫。

但很快，这脸开始**变化了**。

啊?

这张脸变得不一样了,但还是很眼熟!

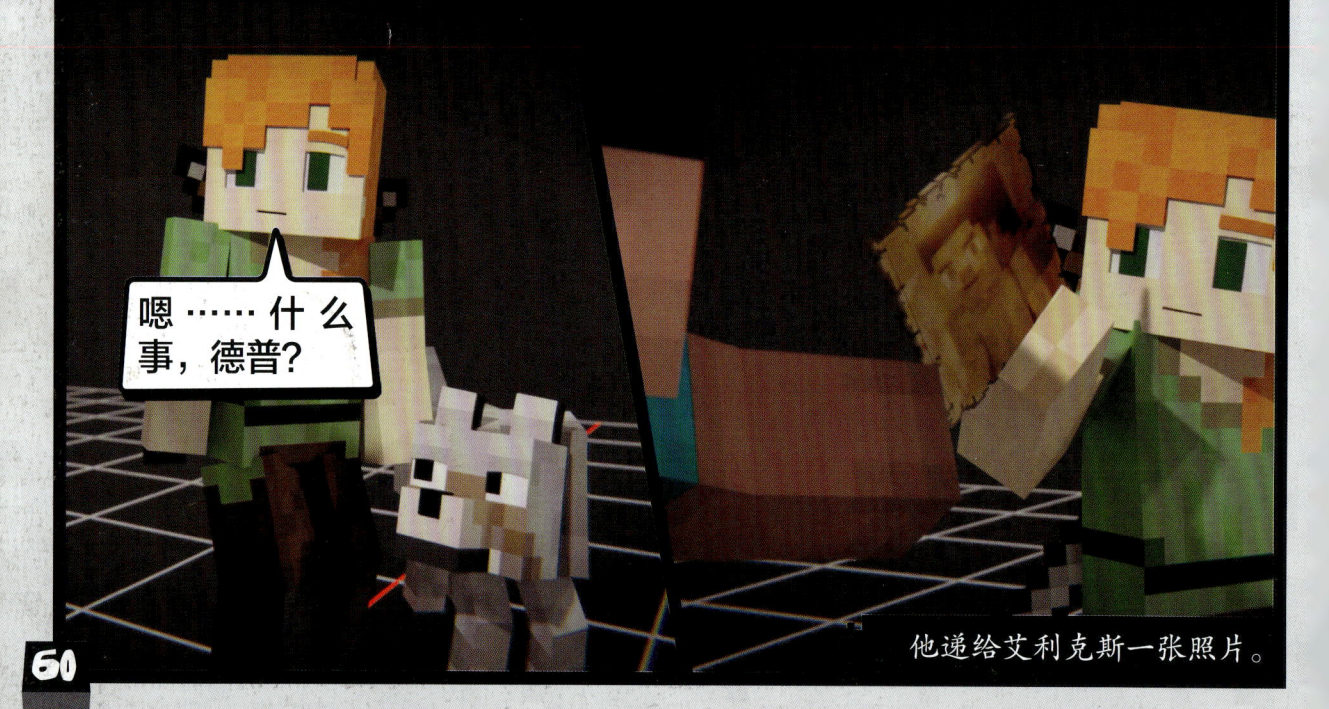

至少这是一张友善的脸。

嗯……什么事,德普?

他递给艾利克斯一张照片。

你也想找到他吗？

敲敲敲！
敲敲敲！

艾利克斯感觉身后有什么东西掠过。

嗖——

然后她看见了一个惊人的**仓库**……

德普挥挥手，

嗖——

仓库动了动，变成了——

物品栏。

"找到你要的东西了吗?"

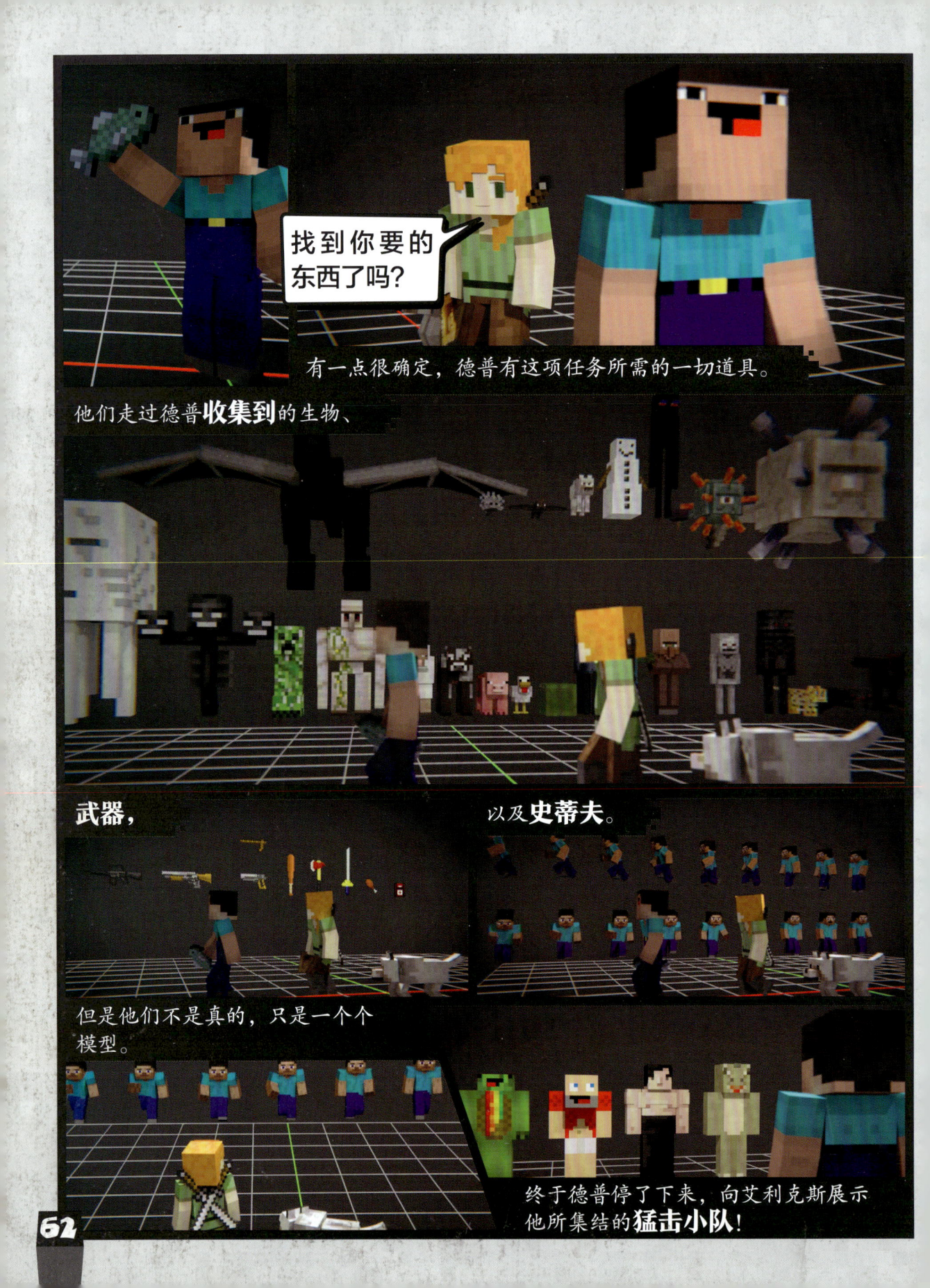

有一点很确定,德普有这项任务所需的一切道具。

他们走过德普**收集到**的生物、

武器,

以及**史蒂夫**。

但是他们不是真的,只是一个个模型。

终于德普停了下来,向艾利克斯展示他所集结的**猛击小队**!

回到Hypixel。

生活重归于平静。

但是总有些变化!

嗯?

艾利克斯决定先处理手头的事情。

嗯……好吧。

！

我想我们先四处问问，看看有没有人……

我可不会让他跑掉！

嗯？

不会吧……

又一个?

他**四处都在**。

但是每个个体，看上去都**呆呆的**。

他们都是史蒂夫，但**又没有**一个是真的。真的那个在哪儿呢?

与此同时……

奥森和《**我的世界**》男孩出去走了走。

走开

走错了

私人领地

禁止非法入侵

| 我想知道这里为什么没人来。 | 这地方好酷啊…… | 哇——等等…… |

那个身影转过身看着他们。

两人迅速地跑了。

呀啊！

但是如果多待一会儿的话，他们或许会发现他的**另一只眼**。

史蒂夫痛苦地回想着他之前的遭遇。

战争在他体内持续着。

因为当他活下来时，**海洛布莱恩**也一样！

海洛布莱恩总是与他一体。

啊……滚出我的脑子！

耗尽了力气的史蒂夫倒在了地上。

不！！

这就是结局吗？

不。

他可以去一个地方，在那儿或许能解决这个问题。

吱吱——

一个传送门正向他开放。

而这并非无人所知。

特工潘多跑回了艾利克斯那边。

得让其他人知道这事。

艾利克斯！

我看到史蒂夫了，那个是真的史蒂夫。他走进了一扇传送门。

史蒂夫去哪里了呢？艾利克斯很快会为我们揭晓。

带我去。

第4章

吱吱——

哈。

下界。

艾利克斯并非独自前往。

他们共同越过火焰重重的山谷。

吱吱——

如果我们无视猪人，或许它们也会无视我们。

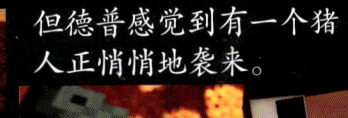

但德普感觉到有一个猪人正悄悄地袭来。

他打算先下手为强！

他用手中的鱼一下子拍飞了猪人。

啪！

他的同胞们抬起了头。

艾利克斯和德普跑过石头，

啊哦。

然后站住，准备还击！

援军到了！

需要帮忙吗？

它们从哪里来的？

猪人回过身，面对新来的威胁。

与此同时，艾利克斯他们趁机赶紧溜走！

冲呀！

在下界深处……

史蒂夫!

那个人转过身来,但他不是史蒂夫。

不过艾利克斯一点儿也不怕,

她慢慢向前走去。

那双白色的眼睛怀疑地看着她。

德普都不敢看了!

终于,他们面对面了。

艾利克斯**拥抱**了他!

谢谢。

这给了史蒂夫夺回控制权的力量。

他们走向门。

等等,我需要自己一个人完成。

他希望门后的东西能够成为让他解脱的解药。

但艾利克斯发觉背后有什么在靠近!

你们——

恐惧之王伴着凋灵现身了。

还有**死亡天使**！

我们的主角们**又一次**准备要战斗了！

死亡天使挥了挥翅膀，然后开始进攻！

实体_303也加入了战斗！

凋灵也开始攻击。

啊啊啊！

战斗异常惨烈！

史蒂夫与死亡天使打斗起来。

将死亡天使逼到了悬崖边。
它发出嘲讽的叹息。

史蒂夫挥动他的剑。但是死亡天使飞走了,史蒂夫挥了个空。

哈哈哈!

艾利克斯正在和恐惧之王打斗。

实体_303正在消灭战场上的残余力量。

75

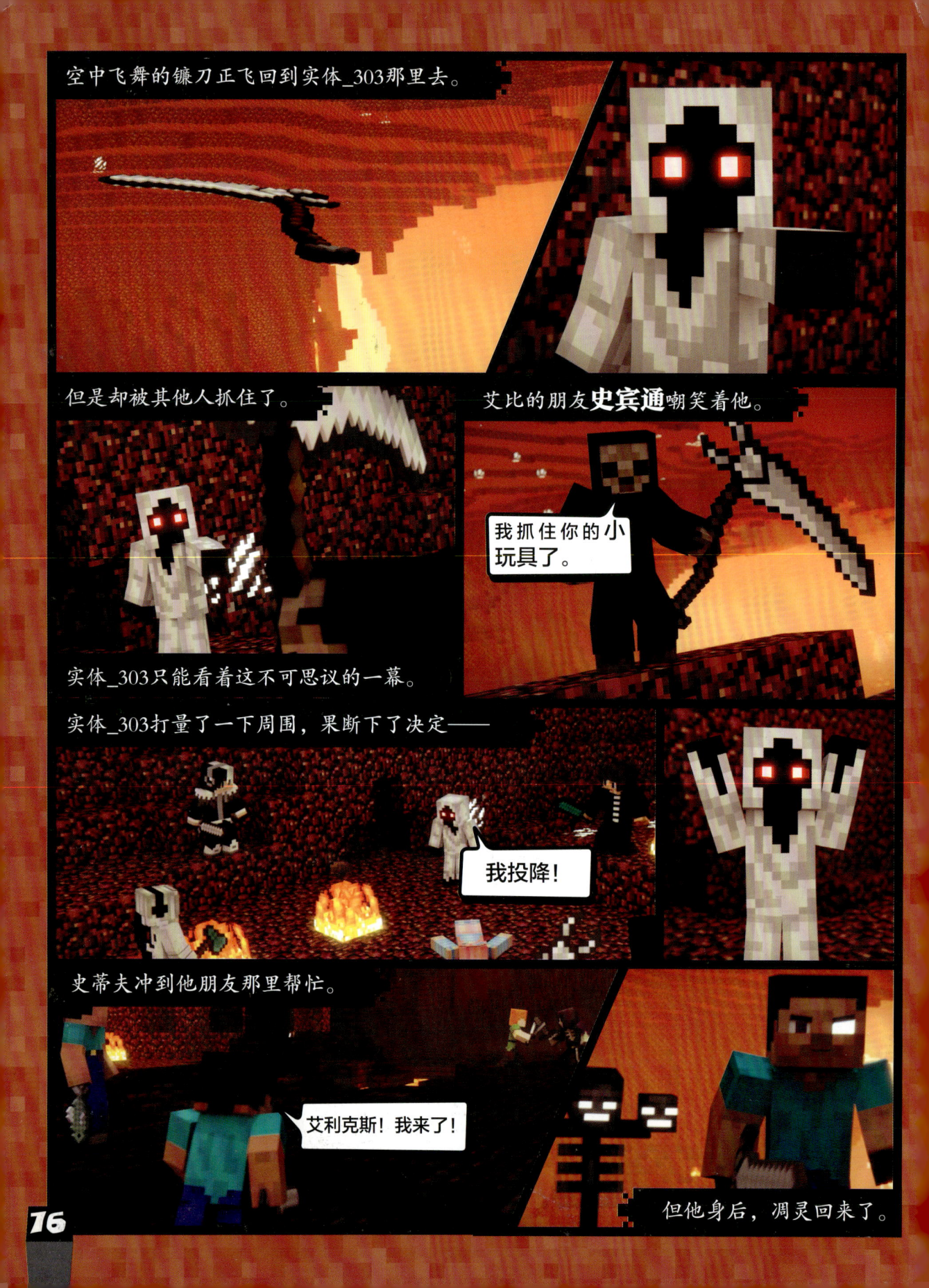

空中飞舞的镰刀正飞回到实体_303那里去。

但是却被其他人抓住了。

艾比的朋友**史宾通**嘲笑着他。

我抓住你的小玩具了。

实体_303只能看着这不可思议的一幕。

实体_303打量了一下周围，果断下了决定——

我投降！

史蒂夫冲到他朋友那里帮忙。

艾利克斯！我来了！

但他身后，凋灵回来了。

史蒂夫转过身，

发现自己正在凋灵的攻击路线上。

轰！！

德普想都没想就**挡**在了史蒂夫身前。

德普倒下了。

德普！

我们都了解这种感觉！

你死了！

分数：0

重生

标题画面

但是现在没时间想倒下的同伴，战斗还在继续！

锵

艾利克斯跃向空中，翻过恐惧之王的头顶。

呃……

刺

当她落地时，把剑刺入它的身体！

艾利克斯抬起头，望着跑向大门的史蒂夫。

嚓——

史蒂夫小心地接近了这面闪着光的墙，把手慢慢伸了进去。

墙开始发出**红光**，

反射出了他自己。

但这不只是反射！

两个史蒂夫，都有一半是海洛布莱恩。

但在另一侧，是另一个**艾利克斯**——她的黑暗面！！

史蒂夫转过身，抽出剑，面对着黑暗的艾利克斯！

他们急忙投入战斗。

史蒂夫**高高跃起**——

史蒂夫渐渐被逼向悬崖边。

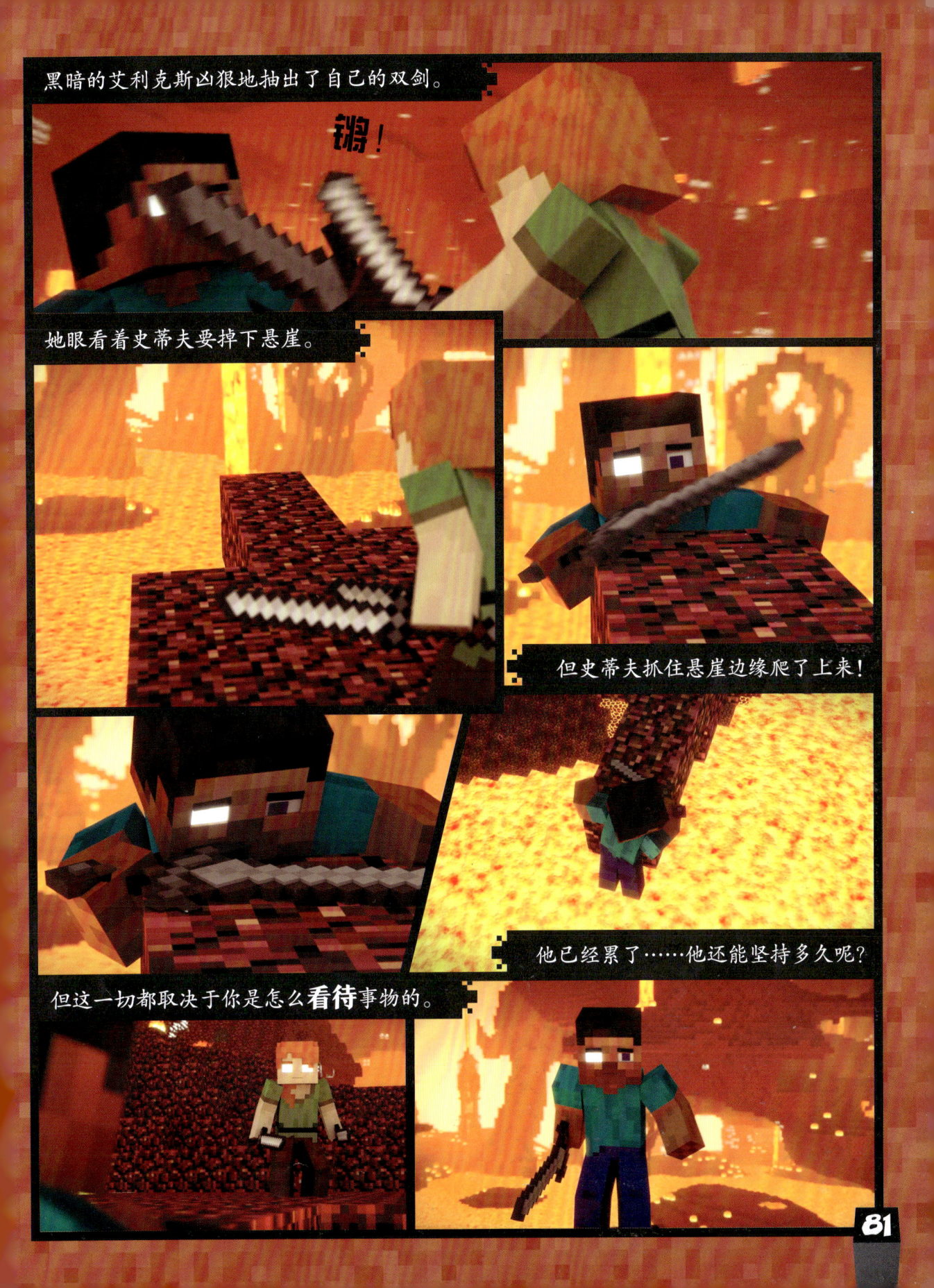

黑暗的艾利克斯凶狠地抽出了自己的双剑。

锵!

她眼看着史蒂夫要掉下悬崖。

但史蒂夫抓住悬崖边缘爬了上来!

他已经累了……他还能坚持多久呢?

但这一切都取决于你是怎么**看待**事物的。

在意念的努力下，史蒂夫改变了他的视角。

他认识的艾利克斯回来了！

"史蒂夫……"

史蒂夫意识到，他刚才就像是镜子中自己所见的那样——

当他被艾利克斯抱住的时候，他还是**他自己**，不是海洛布莱恩。

他一直都在和真正的艾利克斯对打。史蒂夫知道自己现在该做什么了！

但是，他的落脚点开始松动了！

哇！

不——史蒂夫！

艾利克斯想去抓住他，

但已经太迟了……

不……

她差一点儿就能救出史蒂夫了。

一切都归于黑暗。

一切已经无法挽救。

史蒂夫眼前走马灯一般闪过他的一生。

一个很普通的世界里，

他看见了一个裂缝。

很普通的一生。

这激发了一段记忆。

他看到了熟悉的东西。

就是在这儿，他认知了这个世界是如何组成的。

他走过去想调查一下。

是的，他想起来了。

他就是在这里学会怎么**制造**东西的。

以及如何让物品变得**有用**。

他眺望着远处，

看到一间普通的房子。

他记得这间房子。

他用工作台造出工具，独自建造了这间房子。

这就是他——一个**能采掘、制作、建造的人**。

哎呀

但是——

这把剑是海洛布莱恩的。他从**一开始**就拥有。

这就是说他一直是**海洛布莱恩**。

他也想起了其他所有的事。

醒来。

取得联系。

结交朋友。

开始战斗。

面对敌人。

差点儿要付出代价。

肩并肩战斗。

前往未知之地。

被拯救。

他在下落，他还在下落。

但是当他抓到剑的时候，他意识到，如果他**一直**都是海洛布莱恩的话，那他也应该有着海洛布莱恩的力量。

包括**这个**！

轰隆——

史蒂夫冲向大门，

飞踹那面巨大的镜子！

死亡天使看到了他，**俯冲过来。**

嗖——

史蒂夫已经准备好了，他**一跃而起，**

唰！

切下了死亡天使的翅膀！

他下一个目标已经在眼前。

他再度跃起——

他的剑砍过凋灵，

斩！

凋灵的头随之落下！

回到Hypixel……

一切都很好。

海洛布莱恩手下的那些党羽们都被抓起来了。

朋友们又重新相聚了。

兄弟们，见到你们真好。

嗷呜！嗷呜！

再见，史蒂夫。

还能见到你吗？

他看到了一个缺口。

哦，一定会的。

是时候离开了。

关掉灯，

关掉电源。

嗖嗖

新的一天。

第一天。

一个新的世界。

一段新的人生。

完